#mesPETITESenvies

Apple Roses et Petits Feuilletés

ÉLISE DELPRAT-ALVARÈS
PHOTOGRAPHIES ALINE PRINCET
STYLISME MÉLANIE MARTIN

SOMMAIRE

INTRODUCTION

Gourmandises faciles autour d'une pâte toute faite, les feuilletés ont le vent en poupe. Ils se garnissent à l'envie pour les apéros comme pour les desserts, pour notre plus grand bonheur ! Ce sont les stars de la *finger food* ! Les recettes se multiplient un peu partout, toujours en faisant rimer simplicité et originalité, plaisir et convivialité.

Curieuse des dernières tendances culinaires, j'aime particulièrement les recettes faciles et très originales, celles qui ont fait leurs preuves, plébiscitées et 1 000 fois approuvées. Et j'ai découvert la tendance du feuilleté. Mais attention, pas n'importe lequel ! *Out* les feuilletés de saucisses pour épater petits et grands. Avec un rouleau de pâte et un zeste d'imagination, un nouveau champ des possibles s'offre à vous…

Surprenez votre petit monde à Noël en partageant un feuilleté-sapin. Aux beaux jours, c'est certain, vous servirez des feuilletés-soleil : rien que leur nom invite l'été, ses cigales et la bonne humeur entre amis à votre table ! Faciles et ludiques à préparer, ils seront aussi adorés par les enfants : c'est rigolo, ça croustille, ça fond dans la bouche, c'est joli et c'est bon.

Toute l'année, vous allez craquer pour les boutons de rose feuilletés qui ont fait le tour de la blogosphère culinaire. Quésaco ? Des bouchées délicates en forme de rose, d'une simplicité enfantine. Un régal pour les yeux et les papilles à préparer en quinze minutes. Attention, addiction assurée ! Ces recettes vont devenir vos bottes secrètes pour faire sensation.

Voilà, c'est officiel, les feuilletés deviennent des friandises :
manger avec les doigts, c'est chic !

Conseils

Le secret d'un joli soleil réside dans la précision, avec des bandes de taille parfaitement égale.

Côté ustensiles, choisissez votre camp : roulette à pizza ou couteau pointu pour découper des bandes toujours nettes.

Vous pouvez aussi fabriquez vos cônes à moindres frais en roulant en boule des feuilles de papier d'aluminium. Façonnez-les ensuite en forme de cône.

Huilez les cônes et laissez tiédir les feuilletés pour les démouler facilement.

Certains fruits sont fragiles et se dessèchent à la cuisson (bananes, fraises, kiwis...). Protégez-les en fin de cuisson avec une feuille d'aluminium perforée.

Les pommes rouges donneront à la cuisson des pétales du plus bel effet, ne les pelez pas !
Pour découper une pâte en bandes égales de 5 cm de large, utilisez un mètre de couturière.
Les tranches des fruits fermes (pommes et poires) seront précuites au micro-ondes afin de les assouplir pour les rouler en rose sans les briser.
Optez pour le pinceau afin d'étaler uniformément gelées, sirops et confitures.

POMME
en habit rose

Préparation : 20 min • Cuisson : 40 min
Pour 6 roses

1 c. à soupe de jus de citron
2 gouttes de colorant rouge
2 pommes Pink Lady®
1 pâte feuilletée rectangulaire préétalée
3 c. à soupe de gelée de mûres
1 c. à soupe de sucre glace

1 Dans un saladier, mélangez le jus de citron, le colorant et 20 cl d'eau. Coupez les pommes en deux sans les peler, retirez le cœur et coupez-les en fines lamelles régulières. Déposez-les dans le saladier, mélangez et faites chauffer 2 min au micro-ondes, jusqu'à ce que les tranches soient souples. Égouttez-les et séchez-les.

2 Coupez 6 bandes de pâte d'environ 5 cm x 25 cm et badigeonnez-les légèrement de gelée avec un pinceau. Alignez 7 ou 8 lamelles de pomme sur un long côté de chaque bande en laissant la partie arrondie dépasser du bord. Repliez le surplus de pâte sur les pommes.

3 Roulez les bandes pour former des roses et placez-les dans des empreintes à muffins beurrées. Enfournez pour 20 min à 180 °C (th. 6). Recouvrez d'une feuille de papier d'aluminium perforée et poursuivez la cuisson 20 min. Laissez refroidir avant de démouler. Saupoudrez de sucre glace.

Conseil

Passage au micro-ondes impératif pour rendre les pommes faciles à travailler !

SAPIN
citron-gingembre

Préparation : 15 min • Cuisson : 20 min
Pour 1 sapin (20 feuilletés)

3 c. à soupe de *lemon curd*
le jus et le zeste d'1/2 citron vert
1 pincée de gingembre en poudre
2 pâtes feuilletées préétalées
1 jaune d'œuf
1/2 c. à café de lait
1 c. à soupe de perles de sucre

1 Dans un bol, fouettez le *lemon curd* avec le jus de citron, le zeste et le gingembre. Étalez une pâte sur une plaque recouverte de papier sulfurisé et badigeonnez-la de crème au citron. Lissez avec le dos d'une cuillère et recouvrez avec la seconde pâte.

2 Découpez les contours du sapin avec une roulette à pizza, en formant un grand triangle avec une base carrée pour le tronc. Formez les branches en taillant des lanières régulières de 2 à 3 cm de large sur les 2 grands côtés du triangle. Laissez un espace au milieu dans le prolongement du tronc.

3 Vrillez les lanières de pâte en les tortillant sur elles-mêmes. Badigeonnez de jaune d'œuf mélangé au lait et enfournez pour 20 min à 180 °C (th. 6). Laissez tiédir et parsemez de perles de sucre.

Conseil

Taillez les chutes en bandes,
vrillez-les et faites-les cuire avec le sapin.

TARTELETTES
pomme-crème caramel

Préparation : 25 min • Cuisson : 20 min
Pour 6 tartelettes

1 pâte sablée préétalée
6 c. à soupe de caramel au beurre salé
500 g de sucre en poudre
8 pommes Pink Lady®

1 Beurrez 6 moules à tartelettes. Étalez la pâte et découpez 6 disques. Garnissez les moules de pâte et retirez le surplus avec un couteau. Piquez le fond avec une fourchette.

2 Garnissez les fonds de tarte de papier sulfurisé et de billes de céramique (ou de légumes secs), et enfournez pour 3 min à 180 °C (th. 6). Retirez les billes et le papier, et poursuivez la cuisson 5 min. Laissez tiédir.

3 Assouplissez le caramel 10 s au micro-ondes et répartissez-le sur les fonds de tarte.

4 Portez 50 cl d'eau à ébullition avec le sucre dans une casserole. Coupez les pommes en deux sans les peler, retirez le cœur et coupez-les en fines lamelles régulières. Faites-les pocher 3 ou 4 min dans le sirop et réservez-les au fur et à mesure sur du papier absorbant.

5 Sur le plan de travail, alignez 5 lamelles de pomme en les faisant se chevaucher. Roulez la bande obtenue sur elle-même et déposez-la sur le fond d'une tarte au caramel. Poursuivez l'opération en serrant bien les boutons de pomme dans chaque tartelette. Enfournez pour 8 à 10 min à 180 °C (th. 6). Laissez refroidir avant de démouler.

Conseil

Découpez facilement des disques de pâte en utilisant un emporte-pièce.

SOLEIL
fraise à la menthe

Préparation : 15 min • Cuisson : 25 min
Pour 1 soleil (24 feuilletés)

4 c. à soupe de confiture de fraises
1 c. à café de sirop de menthe
2 pâtes feuilletées préétalées
1 c. à soupe de menthe ciselée
1 jaune d'œuf
1/2 c. à café de lait
1 c. à soupe de sucre glace

1 Dans un bol, mélangez la confiture avec le sirop et la menthe ciselée. Étalez une pâte sur une plaque recouverte de papier sulfurisé et badigeonnez-la de confiture à la menthe, en laissant une bordure d'1,5 cm. Humidifiez la bordure au pinceau avec de l'eau et recouvrez avec la seconde pâte. Appuyez sur les bords pour les souder et badigeonnez de jaune d'œuf mélangé au lait.

2 Déposez un petit verre retourné au centre de la pâte (sans appuyer) et formez le soleil. En partant du verre vers les bords, coupez d'abord la pâte en quatre. Recoupez ensuite chaque quart en trois et chaque part obtenue en deux pour obtenir 24 bandes.

3 Ôtez le verre et torsadez délicatement chaque bande 2 ou 3 fois sur elle-même, en alternant le sens des torsades d'une bande à l'autre. Enfournez pour 25 min à 180 °C (th. 6). Laissez tiédir et saupoudrez de sucre glace.

Conseil

Quadrillez le centre du soleil avant de le faire cuire ou utilisez un tampon pour former un dessin.

SAPIN
chocolat crunchy

Préparation : 15 min • Cuisson : 20 min
Pour 1 sapin (20 feuilletés)

1 tablette de Crunch®
1 c. à soupe de crème fraîche épaisse
2 pâtes feuilletées préétalées
1 jaune d'œuf
1/2 c. à café de lait
2 c. à soupe d'amandes concassées
15 g de Smarties®

1 Cassez le chocolat en morceaux et faites-le fondre au micro-ondes. Mélangez-le avec la crème. Étalez une pâte sur une plaque recouverte de papier sulfurisé et badigeonnez-la de crème au chocolat. Lissez avec le dos d'une cuillère et recouvrez avec la seconde pâte.

2 Découpez les contours du sapin avec une roulette à pizza, en formant un grand triangle avec une base carrée pour le tronc. Formez les branches en taillant des lanières régulières de 2 à 3 cm de large sur les 2 grands côtés du triangle. Laissez un espace au milieu dans le prolongement du tronc.

3 Vrillez les lanières de pâte en les tortillant sur elles-mêmes. Badigeonnez de jaune d'œuf mélangé au lait et parsemez d'amandes. Enfournez pour 20 min à 180 °C (th. 6). Laissez tiédir et décorez de Smarties®.

ROSES
banane-chocolat noir

Préparation : 15 min • Cuisson : 35 min
Pour 6 roses

4 bananes bien mûres
3 c. à soupe de pâte à tartiner au chocolat noir
1 pâte feuilletée rectangulaire préétalée
2 c. à soupe de copeaux de chocolat au lait

1 Pelez les bananes et coupez-les en fines rondelles régulières. Faites ramollir la pâte à tartiner 10 s au micro-ondes.

2 Coupez 6 bandes de pâte d'environ 5 cm x 25 cm et badigeonnez-les de chocolat. Alignez les rondelles de banane sur un long côté de chaque bande en les laissant à moitié dépasser du bord. Repliez le surplus de pâte sur les bananes.

3 Roulez les bandes sur elles-mêmes pour former des roses et placez-les dans des empreintes à muffins beurrées. Enfournez pour 35 min à 180 °C (th. 6). Laissez-les reposer 10 min dans le four, puis laissez refroidir. Parsemez de copeaux de chocolat.

Conseil

Arrosez les feuilletés d'un filet de chocolat noir fondu, juste avant de servir.

CORNETS
chantilly de myrtilles

Préparation : 15 min • Cuisson : 20 min
Pour 6 cornets

1 pâte feuilletée rectangulaire préétalée
1 jaune d'œuf
1/2 c. à café de lait
2 c. à soupe de sucre en poudre
20 cl de crème entière liquide
2 c. à soupe de sucre glace
3 c. à soupe de jus de myrtille
60 g de myrtilles fraîches

1 Étalez la pâte et découpez 6 longues bandes de 2 cm de large. Beurrez 6 cônes en aluminium et enroulez chaque bande autour (commencez par la pointe et remontez en superposant légèrement la pâte tout en l'enroulant).

2 Déposez les cônes sur une plaque recouverte de papier sulfurisé. Badigeonnez de jaune d'œuf mélangé au lait et saupoudrez de sucre en poudre. Enfournez pour 20 min à 180 °C (th. 6). Laissez tiédir et retirez délicatement les cônes en aluminium.

3 Fouettez la crème en chantilly avec le sucre glace. Incorporez délicatement le jus de myrtille. À la poche à douille, fourrez les cônes de crème et décorez-les avec quelques myrtilles.

ROSES
poire-spéculoos

Préparation : 15 min • Cuisson : 35 min
Pour 6 roses

2 poires bien mûres
3 c. à soupe de pâte de spéculoos
1 pâte feuilletée rectangulaire préétalée
1 c. à soupe de miettes de spéculoos

1 Pelez les poires, retirez le cœur et coupez-les en fines lamelles régulières. Faites ramollir la pâte de spéculoos 10 s au micro-ondes.

2 Coupez 6 bandes de pâte d'environ 5 cm x 25 cm et badigeonnez-les de pâte de spéculoos. Alignez les lamelles de poire sur un long côté de chaque bande en les laissant à moitié dépasser du bord. Repliez le surplus de pâte sur les poires.

3 Roulez les bandes sur elles-mêmes pour former des roses et placez-les dans des empreintes à muffins beurrées. Parsemez de miettes de spéculoos. Enfournez pour 35 min à 180 °C (th. 6). Laissez reposer 5 min dans le four, puis laissez refroidir avant de démouler.

Conseil

Vous pouvez utiliser des poires au sirop.
Si les poires ne sont pas assez mûres, faites ramollir les tranches 1 min au micro-ondes avec 4 c. à soupe d'eau.

SAPIN
des Rois

Préparation : 15 min • Cuisson : 20 min
Pour 1 sapin (20 feuilletés)

25 g de beurre mou
1½ c. à soupe de sucre glace
1 gros œuf
3 c. à soupe d'amandes en poudre
2 c. à soupe d'amandes effilées + 2 c. à soupe pour le décor
2 gouttes d'extrait d'amande amère
2 pâtes feuilletées préétalées
1 jaune d'œuf
1/2 c. à café de lait
1 c. à soupe de sucre glace pour le décor

1 Dans un bol, fouettez le beurre avec le sucre glace, l'œuf, les amandes en poudre et effilées, et l'extrait d'amande amère. Étalez une pâte sur une plaque recouverte de papier sulfurisé et badigeonnez-la de crème à l'amande. Lissez avec le dos d'une cuillère et recouvrez avec la seconde pâte.

2 Découpez les contours du sapin avec une roulette à pizza, en formant un grand triangle avec une base carrée pour le tronc. Formez les branches en taillant des lanières régulières de 2 à 3 cm de large sur les 2 grands côtés du triangle. Laissez un espace au milieu dans le prolongement du tronc.

3 Vrillez les lanières de pâte en les tortillant sur elles-mêmes. Badigeonnez de jaune d'œuf mélangé au lait et parsemez d'amandes effilées. Enfournez pour 20 min à 180 °C (th. 6). Laissez tiédir et saupoudrez de sucre glace.

ROSES
à la rose

Préparation : 20 min • Cuisson : 40 min
Pour 6 roses

1 c. à soupe de sirop de rose
1 c. à café de jus de citron
2 pommes
1 pâte feuilletée rectangulaire préétalée
3 c. à soupe de gelée de rose

1 Dans un saladier, mélangez le sirop de rose avec le jus de citron et 4 c. à soupe d'eau. Coupez les pommes en deux sans les peler, retirez le cœur et coupez-les en fines lamelles régulières. Déposez-les dans le saladier, mélangez et faites chauffer 2 min au micro-ondes, jusqu'à ce que les tranches soient souples. Égouttez-les et séchez-les.

2 Coupez 6 bandes de pâte d'environ 5 cm x 25 cm et badigeonnez-les légèrement de gelée. Alignez 7 ou 8 lamelles de pomme sur un long côté de chaque bande en laissant la partie arrondie dépasser du bord. Repliez le surplus de pâte sur les pommes.

3 Roulez les bandes sur elles-mêmes pour former des roses et placez-les dans des empreintes à muffins beurrées. Enfournez pour 20 min à 180 °C (th. 6). Recouvrez d'une feuille de papier d'aluminium perforée et poursuivez la cuisson 20 min. Laissez refroidir avant de démouler.

Conseil

Inutile de beurrer les moules en silicone.

SOLEIL
choco-lait de coco

Préparation : 15 min • Cuisson : 25 min
Pour 1 soleil (24 feuilletés)

120 g de chocolat noir
5 cl de lait de coco
1½ c. à soupe de copeaux de noix de coco
2 pâtes feuilletées préétalées
1 jaune d'œuf
1/2 c. à café de lait

1 Coupez le chocolat en morceaux et placez-les dans une casserole avec le lait de coco. Faites fondre à feu doux en remuant. Ajoutez les copeaux de noix de coco.

2 Étalez une pâte sur une plaque recouverte de papier sulfurisé et badigeonnez-la de chocolat au coco en laissant une bordure d'1,5 cm. Humidifiez la bordure au pinceau avec de l'eau et recouvrez avec la seconde pâte. Appuyez sur les bords pour les souder et badigeonnez de jaune d'œuf mélangé au lait.

3 Déposez un petit verre retourné au centre de la pâte (sans appuyer) et formez le soleil. En partant du verre vers les bords, coupez d'abord la pâte en quatre. Recoupez ensuite chaque quart en trois et chaque part obtenue en deux pour obtenir 24 bandes.

4 Ôtez le verre et torsadez délicatement chaque bande 2 ou 3 fois sur elle-même, en alternant le sens des torsades d'une bande à l'autre. Enfournez pour 25 min à 180 °C (th. 6). Laissez tiédir.

Conseil

La cuisson du soleil est optimale quand sa surface est dorée.

SOLEIL
pistache

Préparation : 15 min • Cuisson : 25 min
Pour 1 soleil (24 feuilletés)

2 pâtes feuilletées préétalées
4 c. à soupe de pâte de pistache
1 jaune d'œuf
1/2 c. à café de lait
30 g de pistaches décortiquées non salées

1 Étalez une pâte sur une plaque recouverte de papier sulfurisé et badigeonnez-la de pâte de pistache en laissant une bordure d'1,5 cm. Humidifiez la bordure au pinceau avec de l'eau et recouvrez avec la seconde pâte. Appuyez sur les bords pour les souder et badigeonnez de jaune d'œuf mélangé au lait.

2 Déposez un petit verre retourné au centre de la pâte (sans appuyer) et formez le soleil. En partant du verre vers les bords, coupez d'abord la pâte en quatre. Recoupez ensuite chaque quart en trois et chaque part obtenue en deux pour obtenir 24 bandes.

3 Ôtez le verre et torsadez délicatement chaque bande 2 ou 3 fois sur elle-même, en alternant le sens des torsades d'une bande à l'autre. Mixez grossièrement les pistaches et parsemez-en les torsades. Enfournez pour 25 min à 180 °C (th. 6). Laissez tiédir.

Conseil

Si la température ambiante est élevée, réservez le soleil 15 min au réfrigérateur avant de le faire cuire.

FEUILLETÉ TRESSÉ *au Carambar®*

Préparation : 15 min • Cuisson : 25 min
Pour 6 personnes

8 Carambar®
10 cl de crème entière liquide
50 g de pignons de pin
40 g de copeaux de noix de coco
150 g de fruits confits en dés
1 pâte feuilletée rectangulaire préétalée
1 jaune d'œuf
1/2 c. à café de lait
1½ c. à café de perles de sucre

1 Faites fondre les Carambar® dans la crème en remuant régulièrement. Laissez tiédir, ajoutez les pignons, la noix de coco et les fruits confits.

2 Étalez la pâte sur une plaque recouverte de papier sulfurisé. Taillez des lanières régulières de 12 cm de long des 2 côtés de la pâte.

3 Répartissez la préparation au centre et rabattez les lanières de pâte dessus, de gauche à droite en commençant par le bas, pour former une tresse. Badigeonnez de jaune d'œuf mélangé au lait et enfournez pour 25 min à 180 °C (th. 6). Parsemez de perles de sucre et laissez tiédir.

Conseil

Pour découper des lanières, utilisez une roulette crantée qui donnera une forme originale.

ROSES
de kiwi au sirop d'érable

Préparation : 15 min • Cuisson : 35 min
Pour 6 roses

4 kiwis
1 pâte feuilletée rectangulaire préétalée
3 c. à soupe de sirop d'érable
1 c. à soupe de noix de coco râpée

1 Pelez les kiwis et coupez-les en fines lamelles régulières.

2 Coupez 6 bandes de pâte d'environ 5 cm x 25 cm et badigeonnez-les de sirop d'érable. Alignez les lamelles de fruit sur un long côté de chaque bande en les laissant à moitié dépasser du bord. Repliez le surplus de pâte sur les fruits.

3 Roulez les bandes sur elles-mêmes pour former des roses et placez-les dans des empreintes à muffins beurrées. Enfournez pour 15 min à 180 °C (th. 6). Recouvrez d'une feuille de papier d'aluminium perforée et poursuivez la cuisson 20 min. Laissez refroidir avant de démouler. Parsemez de noix de coco.

Variante

C'est aussi bon avec des kakis !

CŒURS
à la crème et aux pralines

Préparation : 20 min • Congélation : 25 min
Cuisson : 25 min
Pour 12 feuilletés

25 cl de lait demi-écrémé
25 g de beurre
3 jaunes d'œufs (50 g)
60 g de sucre en poudre
25 g de fécule de maïs
50 g de pralines roses
1 pâte feuilletée rectangulaire préétalée

1 Faites bouillir le lait avec le beurre. Dans un saladier, fouettez les jaunes d'œufs avec le sucre et la fécule. Versez le lait chaud en filet, sans cesser de fouetter. Mélangez et versez la préparation dans une casserole. Faites chauffer en remuant pendant quelques minutes, jusqu'à ce que la crème épaississe. Versez-la dans un saladier et filmez au contact.

2 Hachez grossièrement les pralines. Étalez la pâte et badigeonnez-la d'une fine couche de crème pâtissière. Lissez avec le dos d'une cuillère et parsemez de pralines.

3 Roulez les 2 côtés de la pâte vers le centre, emballez le rouleau dans du papier sulfurisé et réservez 25 min au congélateur.

4 Découpez des tranches de 2 cm dans le rouleau et déposez-les sur une plaque recouverte de papier sulfurisé. Pincez la pâte à la base des palmiers pour former des cœurs et enfournez pour 20 min à 180 °C (th. 6).

ROSES

mangue, gelée de citron, gingembre

Préparation : 15 min • Cuisson : 35 min
Pour 6 roses

2 mangues bien mûres
1 pâte feuilletée rectangulaire préétalée
3 c. à soupe de gelée de citron
1/2 c. à café de gingembre en poudre
1½ c. à soupe de sucre glace

1 Pelez les mangues et coupez-les en fines lamelles régulières en formant de jolies tranches arrondies (retaillez-les si nécessaire).

2 Coupez 6 bandes de pâte d'environ 5 cm x 25 cm et badigeonnez-les de gelée. Alignez 5 lamelles de mangue sur un long côté de chaque bande en les laissant à moitié dépasser du bord. Repliez le surplus de pâte sur les mangues.

3 Roulez les bandes sur elles-mêmes pour former des roses et placez-les dans des empreintes à muffins beurrées. Enfournez pour 35 min à 180 °C (th. 6). Laissez refroidir avant de démouler. Mélangez le gingembre et le sucre glace, et saupoudrez-en les fleurs tièdes.

Conseil

Étalez la gelée uniformément en utilisant un pinceau à pâtisserie.

CIGARES
pomme-amandes

Préparation : 15 min • Cuisson : 15 min
Réfrigération : 20 min
Pour 6 cigares

2 pommes granny-smith
180 g de chocolat noir
2 c. à soupe de crème fraîche épaisse
1 pâte feuilletée rectangulaire préétalée
1 jaune d'œuf
1/2 c. à café de lait
1½ c. à soupe de sucre en poudre
30 g d'amandes effilées

1 Épluchez les pommes, retirez le cœur, coupez-les en quartiers et râpez-les. Faites fondre le chocolat et mélangez-le avec la crème. Étalez la pâte et découpez 6 rectangles. Au pinceau, badigeonnez-les de chocolat fondu et répartissez les pommes râpées.

2 Roulez chaque rectangle sur lui-même pour former un cigare. Badigeonnez de jaune d'œuf mélangé au lait, saupoudrez de sucre et parsemez d'amandes.

3 Alignez les cigares sur une plaque recouverte de papier sulfurisé et faites-les cuire 15 min à 180 °C (th. 6). Laissez refroidir, trempez la moitié de chaque cigare dans le reste du chocolat fondu et réservez 20 min au réfrigérateur.

ROSES
fraise et pêche

Préparation : 15 min • Cuisson : 35 min
Pour 6 roses

15 grosses fraises
2 demi-pêches au sirop
1 pâte feuilletée rectangulaire préétalée
3 c. à soupe de gelée de cassis

1 Coupez les fraises et les pêches en fines lamelles régulières.

2 Coupez 6 bandes de pâte d'environ 5 cm x 25 cm et badigeonnez-les de gelée. Alignez les lamelles de fruits en les alternant sur un long côté de chaque bande et en les laissant dépasser à moitié sur le bord. Repliez le surplus de pâte sur les fruits.

3 Roulez les bandes sur elles-mêmes pour former des roses et placez-les dans des empreintes à muffins beurrées. Enfournez pour 15 min à 180 °C (th. 6). Recouvrez d'une feuille de papier d'aluminium perforée et poursuivez la cuisson 20 min. Laissez refroidir avant de démouler.

Conseil

Couper les fraises dans le sens de la hauteur pour obtenir de grandes lamelles.

SOLEIL
Patate douce, kiri® et ciboulette

Préparation : 15 min • Cuisson : 25 min
Pour 1 soleil (24 feuilletés)

1 petite patate douce cuite
2 Kiri®
1 c. à soupe de crème entière liquide
2 c. à soupe de lait
2 pâtes feuilletées préétalées
1 petit bouquet de ciboulette ciselé
1 jaune d'œuf
1 c. à soupe de graines de lin
sel et poivre

1 Mixez la patate douce avec les Kiri®, la crème, le lait, du sel et du poivre. Étalez une pâte sur une plaque recouverte de papier sulfurisé et badigeonnez-la de cette préparation en laissant une bordure d'1,5 cm. Parsemez de ciboulette ciselée. Humidifiez la bordure au pinceau avec de l'eau et recouvrez avec la seconde pâte. Appuyez sur les bords pour les souder et badigeonnez de jaune d'œuf mélangé à 1/2 c. à café d'eau.

2 Déposez un petit verre retourné au centre de la pâte (sans appuyer) et formez le soleil. En partant du verre vers les bords, coupez d'abord la pâte en quatre. Recoupez ensuite chaque quart en trois et chaque part obtenue en deux pour obtenir 24 bandes.

3 Ôtez le verre et torsadez délicatement chaque bande 2 ou 3 fois sur elle-même, en alternant le sens des torsades d'une bande à l'autre. Parsemez de graines de lin. Enfournez pour 25 min à 180 °C (th. 6). Laissez tiédir.

SAPIN

chutney de figues et canard séché

Préparation : 15 min • Cuisson : 20 min
Pour 1 sapin (20 feuilletés)

60 g de tranches de canard séché
2 pâtes feuilletées préétalées
4 c. à soupe de chutney de figues
1 jaune d'œuf
1/2 c. à café de lait
3 pincées de cannelle en poudre

1 Retirez le gras des tranches de canard et coupez-les en petits morceaux.

2 Étalez une pâte sur une plaque recouverte de papier sulfurisé et badigeonnez-la de chutney de figues. Lissez avec le dos d'une cuillère et parsemez de canard séché. Recouvrez avec la seconde pâte.

3 Découpez les contours du sapin avec une roulette à pizza, en formant un grand triangle avec une base carrée pour le tronc. Formez les branches en taillant des lanières régulières de 2 à 3 cm de large sur les 2 grands côtés du triangle. Laissez un espace au milieu dans le prolongement du tronc.

4 Vrillez les lanières de pâte en les tortillant sur elles-mêmes. Badigeonnez de jaune d'œuf mélangé au lait et saupoudrez de cannelle. Enfournez pour 20 min à 180 °C (th. 6). Laissez tiédir.

SOLEIL
à l'aubergine et mozzarella

Préparation : 15 min • Cuisson : 25 min
Pour 1 soleil (24 feuilletés)

2 pâtes feuilletées préétalées
4 c. à soupe de caviar d'aubergine
3 c. à soupe de mozzarella à cuire râpée
1 jaune d'œuf
1 c. à café de cumin en poudre

1 Étalez une pâte sur une plaque recouverte de papier sulfurisé et badigeonnez-la de caviar d'aubergine en laissant une bordure d'1,5 cm. Parsemez de mozzarella. Humidifiez la bordure au pinceau avec de l'eau et recouvrez avec la seconde pâte. Appuyez sur les bords pour les souder et badigeonnez de jaune d'œuf mélangé à 1/2 c. à café d'eau.

2 Déposez un petit verre retourné au centre de la pâte (sans appuyer) et formez le soleil. En partant du verre vers les bords, coupez d'abord la pâte en quatre. Recoupez ensuite chaque quart en trois et chaque part obtenue en deux pour obtenir 24 bandes.

3 Ôtez le verre et torsadez délicatement chaque bande 2 ou 3 fois sur elle-même, en alternant le sens des torsades d'une bande à l'autre. Saupoudrez de cumin. Enfournez pour 25 min à 180 °C (th. 6). Laissez tiédir.

Conseil

Servez accompagné d'une sauce fromage blanc, menthe, cumin.

ROSES

tomate et thym façon pizza

Préparation : 15 min • Cuisson : 25 min
Pour 6 roses

6 tomates fermes
1 pâte à pizza rectangulaire préétalée
3 c. à soupe de sauce tomate aux herbes de Provence
2 c. à soupe de gruyère râpé
1 c. à soupe de thym frais ciselé

1 Pelez chaque tomate avec un Économe de façon à obtenir 6 longues bandes de peau.

2 Coupez 6 bandes de pâte d'environ 5 cm x 25 cm et badigeonnez-les légèrement de sauce tomate. Déposez une bande de peau de tomate sur un long côté de chaque bande et parsemez de gruyère. Repliez le surplus de pâte sur la tomate.

3 Roulez les bandes sur elles-mêmes pour former des roses et placez-les dans des empreintes à muffins beurrées. Parsemez de thym ciselé. Enfournez pour 25 min à 180 °C (th. 6). Laissez refroidir avant de démouler.

ÉTOILES
au chèvre, pavot et basilic

Préparation : 10 min • Cuisson : 15 min
Pour 16 étoiles

100 g de chèvre frais
1 c. à café de graines de pavot
1 c. à soupe de basilic ciselé
2 pâtes feuilletées rectangulaires préétalées
1 jaune d'œuf

1 Écrasez le fromage de chèvre à la fourchette et mélangez-le avec les graines de pavot et le basilic ciselé.

2 Étalez une pâte et répartissez la préparation. Recouvrez avec la seconde pâte.

3 Avec un emporte-pièce, découpez des étoiles de pâte et alignez-les sur une plaque recouverte de papier sulfurisé. Badigeonnez de jaune d'œuf et enfournez pour 15 min à 180 °C (th. 6).

Astuce

Avec les chutes, formez de petites boules, roulez-les dans du pavot et faites-les cuire 10 min.

SAPIN
tomate-coppa

Préparation : 15 min • Cuisson : 20 min
Pour 1 sapin (20 feuilletés)

3 c. à soupe de sauce tomate
1 c. à soupe de crème fraîche épaisse
2 pincées d'herbes de Provence
2 pâtes feuilletées préétalées
8 tranches de coppa émincées
1 jaune d'œuf
2 c. à soupe de pignons de pin
25 g de tomates séchées mixées
sel et poivre

1 Mélangez la sauce tomate avec la crème et les herbes. Salez et poivrez. Étalez une pâte sur une plaque recouverte de papier sulfurisé et badigeonnez-la de crème à la tomate. Lissez avec le dos d'une cuillère et parsemez de lanières de coppa. Recouvrez avec la seconde pâte.

2 Découpez les contours du sapin avec une roulette à pizza, en formant un grand triangle avec une base carrée pour le tronc. Formez les branches en taillant des lanières régulières de 2 à 3 cm de large sur les 2 grands côtés du triangle. Laissez un espace au milieu dans le prolongement du tronc.

3 Vrillez les lanières de pâte en les tortillant sur elles-mêmes. Badigeonnez de jaune d'œuf mélangé à 1/2 c. à café d'eau et parsemez de pignons et de poudre de tomates séchées. Enfournez pour 20 min à 180 °C (th. 6). Laissez tiédir.

Conseil

Servez le sapin avec une sauce tomate au basilic.

Table des équivalences France-Canada

Poids

55 g	2 onces	200 g	7 onces	500 g	17 onces
100 g	3 onces	250 g	9 onces	750 g	26 onces
150 g	5 onces	300 g	10 onces	1 kg	35 onces

Ces équivalences permettent de calculer le poids
à quelques grammes près (en réalité, 1 once = 28 g).

Capacités

25 cl	1 tasse	75 cl	3 tasses
50 cl	2 tasses	1 l	4 tasses

Pour faciliter la mesure des capacités,
une tasse équivaut ici à 25 cl
(en réalité, 1 tasse = 8 onces = 23 cl).

Remerciements

La styliste remercie Aurélie Vicari
et Delphine Lebrun pour leur aide précieuse.

Direction de la publication : Isabelle Jeuge-Maynart et Ghislaine Stora
Direction éditoriale : Émilie Franc
Édition : Coralie Benoit
Conception graphique et mise en page : Claire Morel Fatio
Couverture : Véronique Laporte
Fabrication : Donia Faiz

ISBN : 978-2-03-592998-3
Photogravure IGS-CP, 16 L'Isle-d'Espagnac
Imprimé en Italie par STIGE
Dépôt légal : août 2016
318258/01 - 11033280 -

#mesPETITESenvies

Retrouvez les autres titres dans la collection #mesPETITESenvies